तारों के जंगल

लेखक

राजबीर देसवाल

सम्पादिका

चन्द्र कौमुदी

बुक्स फॉर ऑल

दिल्ली-११००५२

प्रथम 2004

लेखक - **राजबीर देसवाल**

सम्पादिका - **चन्द्र कौमुदी**

ISBN : 81-7386-266-4

मूल्य : 40 रुपये

प्रकाशक

बुक्स फॉर ऑल

(एन इम्परिन्ट ऑफ लो प्रॉइज़ पब्लिकेशन्स)

ए-6, नीमडी कॉमर्शियल सेन्टर,

अशोक विहार फेज़ - IV, दिल्ली - 52

फोन : 27401672, 27452453

मुख्य आवरण एवं रेखा चित्र - **राजबीर देसवाल**

सम्पर्क

सहायक निदेशक, पुलिस अनुसंधान ब्यूरो,

सी.जी.ओ. काम्पलैक्स, नई दिल्ली

फोन : 26882068 (आवास)

24363872 (कार्यालय) मोबाइल : 9810235041

email : rajbirdeswal@yahoo.com

दिल्ली निवास : मकान नं. 178, डी-II,

किदवई नगर (वेस्ट), नई दिल्ली-110023

मुद्रक : डी० के० फॉईन आर्ट प्रैस प्रॉ० लि०, दिल्ली - 52

भारत में प्रकाशित

समर्पण

चौ. ईश्वर सिंह देसवाल

आमुख

साहित्य और लोक-संस्कृति का काफी पुराना संबंध रहा है। ये दोनों विधाएं एक दूसरे को समृद्ध तो बनाती ही हैं, लोक धारणा को अभिव्यक्त करने में भी सहायक होती हैं। इस तरह की सांस्कृतिक धरोहर को बनाए रखने के लिए उन मूल्यों की रक्षा भी आवश्यक है जो समाज को एक दूसरे से जोड़े रखती है। हरियाणा की लोक-संस्कृति उस लिहाज़ से स्वयं में अनेक विशिष्टताएं लिए हुए है। आदि काल से ही यहां के साहित्यकारों व रचनाधर्मियों ने इस क्षेत्र में अपना योगदान दिया है।

इस क्षेत्र में प्रबुद्ध लेखक एवं पत्रकार राजबीर देसवाल अपनी कृतियों के माध्यम से अनेक रचनात्मक एवं सृजनात्मक पहल करते रहे हैं। जिस ख़ूबी के साथ राजबीर के लेखक ने हरियाणा की लोक संस्कृति को उजागर किया है वह अपने आप में एक अनूठी मिसाल है। कभी व्यंग्य तो कभी ललित निबंधों के माध्यम से वे जिस ढंग से अपनी बात कहते हैं वह पाठक को न केवल प्रभावित करती है, अपितु नई दृष्टि उपलब्ध करवाती है। लोकजीवन के विभिन्न पहलुओं को समझने-बूझने तथा उसे सहज ढंग से अभिव्यक्त करने की विशिष्टता तो रखते ही हैं, हरियाणवी को सरल व सुपाठ्य रूप में प्रस्तुत करना उनकी एक ख़ासियत है। उनकी रचनाएं समय-समय पर देशभर की पत्र-पत्रिकाओं में प्रकाशित होती रही हैं। प्रस्तुत संग्रह में संकलित रचनाएं पाठकों को न केवल काफी गहरे तक प्रभावित करेंगी अपितु समाज से जुड़ा सत्य बयान करने में सहायक होंगी। उनकी यह रचनाएं राजबीर देसवाल के साहित्यकार को और विशिष्ट रूप में प्रस्तुत करती हैं।

विजय सहगल

पूर्व संपादक, दैनिक ट्रिब्यून

चंडीगढ

प्राक्कथन

सुप्रसिद्ध गीतकार 'नीरज' जी की पंक्ति है "मानव होना भाग्य है, कवि होना सौभाग्य"। आदमी को भीड़ से हटकर चलना सिखाते हुए कविता, कवि को वाकई सौभाग्यशाली बनाती है। कवि ख़ुद भले ही अंधकार में रहे लेकिन वह अपने पाठकों और समाज को रोशनी की ओर लेकर चलता है। जीवन में नैराश्य इंसान पर हावी नहीं होना चाहिए, आदमी को हौसला कभी पस्त नहीं होने देना चाहिए, कविता यही सिखाती है। और यक़ीनन भले ही भाव सबके दिलों में रहते हों, परन्तु कविता लिखना सबके लिए संभव नहीं है।

यूं तो देश में लाखों इंसान अधिकारी के रूप में अपनी सेवाएं समाज को दे रहे हैं। अधिकारी से मेरा तात्पर्य सिर्फ़ इतना है कि ज़िम्मेदारी भरे पद का दायित्व पूरी ज़िम्मेदारी से संभालना। लेकिन इस भीड़ में ऐसे कितने हैं जो अपनी ऊर्जा बचाकर रखते हुए अपनी रचनाधर्मिता को बनाए रखते हैं। निःसंदेह ऐसे विरले ही होते हैं और जब बात ज़िम्मेदारी की आ ही गई तो लेखन में भी पूरी ज़िम्मेदारी अवश्यमभावी है। हां, अधकचरा लेखन करने वालों की संख्या, ईमानदारी से रचना करने वालों से कहीं अधिक होती है।

राजबीर देसवाल एक ऐसे ही ज़िम्मेदार अधिकारी हैं जो अपनी कलम को भी पूरी बेबाकी और अधिकारपूर्वक चलाते हुए, अपनी शैली से पाठक के हृदय में सीधे उतर जाते हैं। विधा चाहे कविता हो या गद्य, यह रचनाकार कहीं भी ऐसा महसूस नहीं करने देता कि वह सिर्फ़ लिखने भर को लिखता है। यह कलम जिस पहलू को भी लेकर चलती है उसका पाठक भी उसी रौ में बह लेता है और यही खूबी किसी भी रचनाकार को भीड़ से अलग रास्ता बनाते हुए चलना सिखाती है।

राजबीर देसवाल को रचनाधर्मिता में लगे हुए एक अर्सा हो चला है। संस्मरण, यात्रा-वृतांत, निबंध, साक्षात्कार, सामयिक लेख, लगभग सभी विधाओं में अपनी लेखनी के माध्यम से देसवाल लाखों पाठकों को अपना

प्रशंसक बना चुके हैं। देश के लगभग सभी प्रतिष्ठित समाचार पत्र-पत्रिकाओं में आपके लेख अक्सर देखने को मिलते हैं।

प्रस्तुत संग्रह **'तारों के जंगल'** की पहली ही कविता 'वजूद', पाठकों पर अपना गहरा असर छोड़ेगी। आप थे सब कुछ था, पर मैं न था! और आज, जब मैं हूं, तो कुछ भी नहीं है! 'मेरा बयान' कविता इंसान को इंसानियत के क़रीब लाती है। लम्बी कविता 'मेरा आसमान' बेहद पठनीय बन पड़ी है। 'बटवारा' में रचनाकार वर्तमान सामाजिक मूल्यों में आई गिरावट को दर्शाने में पूरी तरह सफल रहा है। इस दौर में यदि कुछ सबसे ज़्यादा गिरा है तो वह है आपसी रिश्तों में आया मूल्य। 'देवदार' रचना ऊंचाइयों की ओर बढ़ने का रास्ता दिखाती है। इसी तरह 'झरना' भी बेहद प्रभावी रचना बन पड़ी है।

'पत्थर' में वाकई पत्थर अनकहे बोल ही तो लगते है। 'तस्वीर का बदन' रचना दिलों में उल्फ़त के अहसास को जवां करती हुई सुकून देती है। 'आतंकवाद' शीर्षक की रचना से वाकई लगता है कि यदि रास्ता दिखाने वाला कोई हो तो उस राह पे जाते हुए क़दम लौट सकते हैं।

''क्या तारे बस आसमान में'' संभवतः सर्वश्रेष्ट रचना है संकलन की और अंत में 'सबब' में रचनाकार एक ज़िम्मेदारी पाठकों पर भी छोड़ता है कि हर बात का सबब मुझसे ही मत पूछो।

निःसंदेह हिन्दी कविता के क्षेत्र में प्रस्तुत संग्रह एक ज़िम्मेदार भूमिका निभाएगा ऐसा मेरा मानना है। मुझे पूर्ण विश्वास है कि यह रचनाकार जब भी क़लम उठाएगा, पाठक को एक सही दिशा की और ले जाते हुए जीवन का अर्थ भी बतलाएगा।

राजबीर देसवाल के लेखन के बारे में एक बात अवश्य कहना चाहूंगा कि वह कभी भी अपनी रचनाधर्मिता में हकीक़त से मुंह नहीं छुपाते प्रतीत होते।

दिनेश रधुवंशी कवि

375/16ऐ फरीदाबाद (हरि.)

इकरार

कोई शायर या कवि नहीं हूँ मैं। ना ही जो रचनाएं **'तारों के जंगल'** में छप रही हैं शिल्प की कसौटी पर खरी उतरती हैं। ईमान से कहूं तो इसका ज़रा भी ज्ञान नहीं है मुझे। जो पेश-ए-नज़र है वो एक रौ है। एक हल्का सा उबाल है। एक खोई सी टीस है। एक सहमी सी सिहरन है और शायद एक मासूम सी शिकायत है।

बचपन ही से हिन्दुस्तानी सुनने और बोलने ने ज़हन में उर्दू के लिए एक शौक़ सा पैदा कर दिया और उसी का नतीज़ा रहा कि इस ज़ुबान को ना जानते हुए भी कुछ सीधा-सादा सा लिखने को प्रेरित होता रहा। मुझे अपने बौनेपन का एहसास है मगर इसके बावजूद भी जानबूझ कर ऐसी हिमाकत कर रहा हूं जो कतई नाकाबिल-ए-माफ़ी भी नहीं है। मेरा ये छोटा सा गुनाह **'तारों के जंगल'** के हर ज़र्रे में नुमाया है।

गुज़रे करीब बीस वर्षों से महकमा पुलिस में होने से इंसानी ज़िन्दगी के कुछ स्याह पहलूओं से साक्षात्कार होता रहा और एक ऐसे तरह के नंगेपन से मुख़ातिब होता रहा की जो दस्तक जज़्बात ने कभी-कभार दी, उसी को अल्फाज़ में लपेटने का प्रयास बन गया– **'तारों के जंगल'**।

आम-फहम् भाषा है और कहीं-कहीं ठेठ देसी मुहावरों के शब्द हैं। कुछ संवेदनाएं हैं जिनकी पुड़िया पेश कर रहा हूं। मुलाहिज़ा हो। मेरा शौक़ अलबत्ता बख्शा जाये–यही गुज़ारिश है।

राजबीर देसवाल

नई दिल्ली

29 फरवरी 2004

विषय-सूची

वजूद

आप थे, बादल भी थे, पर मैं न था।
पुर-सुकूं आंचल भी थे, पर मैं न था।

राग, रंग-ओ-रौशनी हासिल भी थे, पर मैं न था।
अंजुमन में ख़ैर-ख़्वाह शामिल भी थे, पर मैं न था।

हाय सब के सब वो ही, ऐ-दिल भी थे, पर मैं न था।
मांगने तकदीर से आशाइसें, सायल भी थे, पर मैं न था।

आज जब मैं हूं, नहीं हैं आप और बादल नहीं।
आज जब मैं हूं, वो था जो पुर सुकूं आंचल नहीं।

आज जब मैं हूं, वो रंग-ओ-रौशनी हासिल नहीं।
आज जब मैं हूं, तो अंजुमन में कोई शामिल नहीं।

आज जब मैं हूं, तो कोई भी यहां ऐ-दिल नहीं।
आज जब मैं हूं, तो मैं तकदीर का सायल नहीं।

मेरा बयान

मैं बयान करता हूं कि
मैं कातिल हूँ अपनी रूह का
अपने अरमानों का मैंने
गला घोटा है
गो ये जुर्म छोटा है
मगर मैं जल्लाद की मानिंद
रहमो करम की
गुहार नहीं सुनता
मेरा तर्क है
इस का हक नहीं है मुझे
बेशक मजा आता है मुझे
देखकर अपनी
मरी रूह का चेहरा
जिसे एक झटके से मैंने
नई शक्ल दे दी है
ये निकली आंखें मुझे भाती हैं
ये लटकती जीभ डराती नहीं
रूह की टूटी गर्दन
मुझे अहसास कराती है
कि मैं वाकई जल्लाद हूं
मगर मैं ये इक़बाल
खुदा की अदालत में करूंगा

हलफिया ब्यान देना है
तलाश है इक शाहिद की
जो तसदीक भी करे
मगर इक शर्त पे खरा उतरे कि
वो शाहिद एक अय्यार न हो
अय्यारो के शहर में बसर न करता हो,
है कोई? है कोई?
जो इस शर्त पे खरा उतरे!
नहीं? तो मै शहादत दूंगा
मगर रूबरू उस खुदा के
जिसकी अदालत में
हलफ से यह
बयान देना था

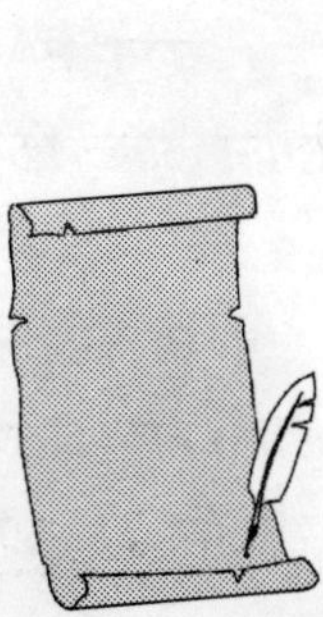

मेरा आसमान

मेरा आसमान आज फिर ढह गया
रोज़ ढह जाता है
आज फिर ढह गया।
न जाने क्यूं
शायद दूर से
लुभावने नजारों की खातिर
रोज आसमान को
सीमेन्ट लगाता हूं
मगर उस पार के
शून्य को
देख ही लेता हूं
क्यो न उस शून्य में ही
खो कर रह जाऊं
और पा लूं निज़ात
हर रोज़ के
आसमान के ढहने से
सदमे से
मेरा आसमान आज फिर ढह गया।

ये बिजली भी
अजीब शै है
ऊपर ही ऊपर

कड़क कर रह जाती है
कभी मुझ पर पड़े
और धराशाई करे
शायद मुझ में ताकत नहीं
कि कहीं भी गिरती गाज के
रस्ते में आ जाऊं
इसीलिए अपने आसमान को
पैबन्द लगाता हूं
मगर
ये थूक के कच्चे पैबन्द
कितनी देर टिकेंगें?
अपनी पे उतर आते हैं
और संभाल नहीं पाते हैं
मेरे आसमान को
मेरा आसमान आज फिर ढह गया।

इस आसमान के चांद-तारे
अपनी निश्चित दूरी पे टिके हैं
मुझ से उन का फासला
ज्यों का त्यों है
बरकरार, बदस्तूर
तारे भी तो टूट जाते हैं
खिचते हैं पृथ्वी की ओर
मगर मेरा आसमान

मेरे टूटते तारों को भी
जलाकर राख कर देता है
गिरने नहीं देता मुझ पर
स्वंय गिर जाता है
मेरा आसमान आज फिर ढह गया।

कभी-कभी गौर करता हूं
क्या मेरा आसमान मेरा ही है?
शायद सभी का होता होगा
मगर क्या सभी का आसमान
मेरे आसमान की तरह
चिथड़े-चिथड़े रहता है
बिखरने को तैयार
टूटने को तैयार
ढहने को तैयार
शायद मेरे सीमेन्ट में
वो पकड़ नहीं
वो जकड़ नहीं
वरना
टुकड़े-टुकड़े ढहने की बजाए
एक बार सारा ही गिरे
और ढांप ले मुझे
इस लायक भी न छोड़े
कि मैं फिर पैबन्द लगाऊं

मेरा आसमान आज फिर ढह गया।

वैसे भी तो मेरा आसमान
बादल-विहीन है
जीर्ण-क्षीर्ण है
बस झौंके ही झौंके हैं
गर्म हवा के
और इस गर्म हवा से बेखबर
मैं सिर उठा कर
अपने आसमान को
सिर पर उठाए
गर्म हवाओं में
घूमा करता हूं
मगर डरता हूं
कहीं ये गर्म हवाएं ही
न गिराती हो
मेरे आसमान को
मेरी सोच के बाहर है मेरा आसमान
मेरा आसमान आज फिर ढह गया।
रोज़ ढह जाता है
आज फिर ढह गया।

ख़्वाब की दस्तक

याद है इस बार इक सैलाब आया था,
धुल गया यादों का शीशा,
ढह गया वादों का खण्डर,
रात के पिछले पहर इक ख़्वाब आया था।

जब रूबरू आ ही गया इक फूल का चेहरा,
इक कली पे माना कभी शबाब आया था,
हवा के सर्द झोंको ने झकझोर रख दिया,
फूलों की बस्ती में इक इन्कलाब आया था।

इक ग़म के मारे ने किया जब ज़िक्र कांटों का,
याद वो बेबस बादशाही ताज आया था,
क्या कहें अब इस दीद की प्यासी चकोरी को,
कि अपने चांद पे प्यार इसको बे-हिसाब आया था।

मतलब नहीं समझे थे हम इस उम्रे-रफतां का,
वक्त के थपेड़ों ने अलबत्ता, समझाया था,
अब दौरे-हाज़िर से करें किस बात का गिला,
माजी में मवाक़ों का इक हुजूम आया था।

अब मान भी जाओ मना लो रूठे लम्हों को,
अब होश में आओ कि अब फिर होश में आओ,
अब जाग भी जाओ, उठो, सम्भलो, चलो 'राजे'
फिर कहते ही रह जाओगे, 'इक ख़्वाब आया था !'

रह गये तो बस !

अभी कुछ क्षण पहले,
क्षितिज के उस पार,
वो ढलता सूरज,
और आसमान पर उभरता,
एक चांदी की लकीर का बादल।
कुछ ख्यालों में खो गया मैं,
आंख् मूंद ली
और तब सुध ली, जब
सहसा एक धमाका हुआ,
शायद बिजली कड़की,
मैंने बादल की तरफ नज़रें उठाई,
चांदी की लकीर रक्त-रंजित पाई,
खूब जम कर खून की बारिश हुई,
सब कुछ सैलाब से लबालब हुआ,
हिन्दू मरा, मुसलमां मरा, सिख व ईसाई मरा।
रह गये तो बस
नानक, मौहम्मद, ईसा या राम
या फिर अकेला मैं,
शायद इस हादसे की
तहरीर लिखने को!

तेवर

क्या-क्या तेरे अफसाने हैं,
याद आ रहे,
भूल-भूल कर,
कुछ तो है
जो अफसाने हैं।
यू ही बात,
किसी की आख़िर,
कौन उड़ाता,
कौन फैलाता,
हम ही हैं,
जो बेगाने हैं।
क्या कुछ कर-धरने को आतुर,
कौन नहीं,
इस भागदौड में,
इस दूजे की,
टांग खींचने,
बाल नोंचने,
खाल खींचने,
सब ही,
जाने-अनजाने हैं।

सागर की तरह,
लहरों का,
नाच नचाने,
दिल बहलाने,
और कभी फिर,
दिल दहलाने,
तूफां के तेवर,
मनमाने हैं।

बटवारा

आओ
कि आज बांट ही लें
आसमान को।
धरती बटी,
घर बटे
बरतन बटे,
खेत
क्यारियों में घटे
मां मुझ में रहेगी
बाप तुम में रहेगा
दादा
खेतों की रखवाली करेगा
कोठरियों में
अब बांट ही लें
अपने मकान को
आओ
कि आज बांट ही लें
आसमान को।

गांधी मेरा है
जिन्नाह तुम्हारा
रूस मेरा है

अमरीका तुम्हारा
समुद्रों का पानी
यहां तक मेरा है
वहां तक तुम्हारा
तीसरी दुनिया में रहकर
असली दुनिया के
आओ
मिलकर मिटा दें
नामों-निशान को
आओ
कि आज बांट ही लें
आसमान को।

आज मुमकिन है
बांट लेना
मां का प्यार
मैं बहन की रक्षा कैसे करूंगा?
इसे तुम्ही ले लो
बेटे मुझे दे दो
शायद ये
आई.ए.एस. की डिगरियां हों
बेटी सयानी हो गई
कि सौंप दे इसे अब
इक हैवान को

आओ
कि आज बांट ही लें
आसमान को।

मगर ये आसमान भी
शायद बटा है
मेरा जहाज
तुम्हारे आसमान में
कैसे उड़ेगा?
तुम्हारा कबूतर
अगर आया इधर
तो मैं उसके
पर कतर दूंगा
यकीनन
किसी दिन
ख़ून-ख़राबा कराएंगे
ये आवारा बादल
ये कन-कव्वे
और इससे पहले कि
बिजली गिरे
तुम्हारे आसमान से
मेरे आसमान के बीचों-बीच
और लगा दें आग
स्वयं

इस जहान को
आओ
कि आज बांट ही लें
आसमान को।

तंग गलियां

यूं मांगती हैं भीख बहारें चमन-चमन,
इक कली का सवाल है, इक कली का सवाल है।

सरगोशियां करती, रहे कम क्यों खिज़ा भला,
अजीब इन्तकाम है, माली को भी मलाल है।

दुनियां में देवताओं की, अफ़सोस है हमें,
हर जान है आफत में-ओ, हर आदमी बदहाल है।

लुटे कहां वो पल, कहां दिन-रात वो गए?
हर शख्स का माजी के लिए, बस यही सवाल है।

खोकर तमाम खोया, पाकर भी कुछ न पाया,
अहले दुनियां को फ़क्त, इक यही मलाल है।

वो पुर उम्मीद सपने, लुभावने वो मंजर,
क्यूं ख्वाब तोड़ डाला, अब जी का बुरा हाल है।

'राजे' तुम ही कहो, कहाँ अब और जा रहें,
हर गली तंग है, अगर, आंगन विशाल है।

धुंआ और बादल

वह जो धुंआ उठ रहा है
उस पहाड पर
ज़रूरी नहीं
कि वह कोई बादल हो।
धुंआ और बादल
दो माओं
आग और पानी से
जन्मे हैं
फिर भी
सगे से लगते हैं।
गर धुंए और बादल में
कोई फर्क नहीं
तो इतना फर्क क्यों हैं?
शायद यह फर्क
दूर से नज़र नहीं आता
मगर जो नज़दीक से
महसूस होता है
वह फर्क
फर्क क्यों है?
क्यों नज़दीकियां
नज़दीकियों में
फर्क करती हैं?
क्यों दूरियां
नज़दीकियों का
दम भरती हैं?

देवदार

ये देवदार भी देखो
मुकाबला करते हैं
अपने पिता-समान
पहाड़ से।
और वह भी
उंचाइयों में?
मगर पहाड़ कहते हैं
आओ पुत्रों
और ऊंचे हो जाओ
हम तो स्थिर हैं
घट सकते हैं
बढ़ नहीं सकते
हमने ऊचाईयां पा ली हैं
ऊंचाईयों में तुम हमें पछाड़ो तो जानें
तुम ने पहाड़ की छाती पर
जन्म लिया है
निःसन्देह तुम पर्वत-पुत्र हो
ऐसा मानें!

नाव

यह मांझी की नहीं
आप की नाव है
क्योंकि
आपने इसके लिए
दिया भाव है।
मगर मल्लाह ने भी तो
ली है ठेकेदार से
यह नाव
और दिया है उसको
इसका भाव।

झरना

ये झरना भी
खूब देता है
दाता की तरह
क्योंकि यह
झरना है।
इसे धरती का
सूखापन हरना है।
युगों-युगों की
प्यास को
भरना है।

राहें

पहाड़ों की राहें भी
खूब लाचार करती हैं
कभी लुभाकर
पास बुलाती हैं
कभी छिटक कर
मुंह चिढ़ाती हैं!

पत्थर

ये पत्थर हैं
ये नुकीले, चपटे, गोल हैं।
ये समय, धूप-छांव के
अनकहे
बोल हैं।

झील

ये झील जो
ठहरी लगती है
इसमें
बहुत उबाल है
मगर यह
ऊचीं लहरें
नहीं उठाती
गहरी लगती है!

तस्वीर का बदन

मेरी तस्वीर को सीने से तुम लगाना नहीं,
धधकते शोलों से दिल अपना तुम जलाना नहीं।

कि आग है जो इस तस्वीर में चाहत से भरी,
वो तड़प, चाहकर भी अपने पास लाना नहीं।

माना मेरी तरहा है बेरूह, इसमें जान नहीं,
इसे तुम छू के जिंदगी का रस पिलाना नहीं।

तुम्हारी एक नजर से ये जी उठेगी,
जरा सम्भल के, इसे देख मुस्कुराना नहीं।

मेरी तस्वीर के बदन पे ये स्याही ये नक्श,
मेरे जिगर का लहू है, कोई अफसाना नहीं।

दास्तानों की अफसाने जुबां होते हैं
गिला मुझसे करना, जुबां हिलाना नहीं।

मेरी जीस्त का बायस है मुहब्बत तेरी,
मेरी तस्वीर की ख्वाहिश है, इबादत तेरी।

बन्दगी तेरी, मेरे बाद करेगी ये तस्वीर मेरी,
बस इसे सामने रखना, नज़र चुराना नहीं।

गर ज़माने के हालात न इजाज़त दें तुम्हें,
तस्वीर से परेशां न होना, घबराना नहीं।

ले आना दबे पांव इसे मेरी कब्र तलक,
पलट के देखने की चाहत मन में लाना नहीं।

जमाने को रूसवा करने का शौक होता है,
इस फितरत का नहीं, गर, तो वो ज़माना नहीं।

बेरूख़ी मुझसे या तस्वीर से गर हो 'राजे',
तुम्हें कसम है मेरी, बेरूखी जताना नहीं।

नई पीढ़ी को

अभी तो तुम जवान हो,
कि फक्र-ए-हिन्दुस्तान हो,
मन्दिर-ओ-गिरजे की लौ
हिन्दू न मुसलमान हो।
रोटी हो इक गरीब की,
हो आस बदनसीब की,
ठोकर में जो रहा है उस,
मज़लूम की ज़ुबान हो।
आदर्श का तुम आइना,
मर्यादा का मान हो,
नाज़ हो तुम मुल्क का,
चमन के बागवान हो।
काम तुम ऐसे करो,
तुम पर फिदा जहान हो,
माने जग लोहा तुम्हारा,
राष्ट्र की तुम शान हो।
पैदा हों जिनमें इलमों-फन,
नियामतों की खान हो,
गौतम बनो, गांधी बनो,
सन्तों की तुम सन्तान हो।
एक पीढ़ी बढ़ चले
तुम से यकीनन हम मगर,
आवाज़ दो तुम पर हमारा
तन-बदन कुर्बान हो।

मुझे जगाना नहीं

मैं स्वपन देख रहा हूं।
ठहरो!
मुझे जगाना नहीं।

मैं देख रहा हूं
बहारों और ख़िज़ाओं का
उन्मुक्त आलिंगन।
मैं देख रहा हूं,
बेकली और चैन का,
बेमेल संगम।
मैं देख रहा हूं,
रकीबों का रकीबों से,
गठ-जोड़ बन्धन।
मैं देख रहा हूं।
कांटों पर छिड़ी
कलियों की सरगम।
मैं देख रहा हूं,
लगाते शस्त्र स्वयं,
घावों पे मरहम।
मैं देख रहा हूं,
शुआओं को सहज
सहलाती शबनम।
मैं देख रहा हूं,

मृत्यु का
मृत्यु पर क्रन्दन।
मैं देख रहा हूं,
बूढ़े बरगद पर आया
भरपूर यौवन।
मैं देख रहा हूं,
नाव तूफानों का करती
ख़ैरमक्दम।
मैं स्वपन देख रहा हूं।
ठहरो!
मुझे जगाना नहीं।

मगर कहीं यह,
मेरी मानसिकता के विरूद्ध,
कोई जंग तो नहीं?
कोई साज़िश तो नहीं?
क्यों मैंने तो देखा है-
इन्सां को इन्सां का दुश्मन,
आग को पानी का दुश्मन,
रोशनी को तम का दुश्मन,
तूफां को कश्ती का दुश्मन,
भाई और भाई की अनबन,
मजहबों-मुल्कों-कौम की उलझन,
इन्सानियत भटकती वन-वन,
हैवानियत इतराती बन-ठन।
निःसन्देह, यह मेरी मानसिकता के विरूद्ध

एक जंग ही तो है।
एक साज़िश ही तो है।
गवारा है मुझे, फिर भी,
ये जंग और ये साज़िश।
गवारा है मुझे, फिर भी
हसीन धोखे की ख्वाहिश।

मैं स्वपन देख रहा हूं।
ठहरो!
मुझे जगाना नहीं।

अब हम भी बनना सीखेंगे

अब हम भी बनना सीखेंगे,
ओढ़ेंगे लबादा चालों का,
पहनेंगे चोरों सा चेहरा,
अब हम भी ठगाना सीखेंगे।

सब कुछ खोकर अपना अब तक,
पा सके नहीं भगवान को तो,
इस गले-सड़े इन्सान में ही,
हम अपना मसीहा ढूंढेंगे।

सन्तों के बसाए शान्ति-वन पे,
ढोंगी फरिश्ते हैं काबिज़,
चोरों की काली बस्ती में,
अब अपना ठिकाना ढूंढेंगे।

निबाह लिया मित्रों से भी,
शत्रु से हमेशा पिटते रहे,
मित्रों के ज़रिए शत्रु से,
मिलने का बहाना ढूंढेंगे।

किस-किस की खुशामद करते फिरें,
किस किस के तलवे चाटें अब,
बेरूखी न तड़पाए जिसकी,
कोई ऐसा बेगाना ढूंढेंगे।

गैरों ने भी फिर भी रहम किया,
अपनों ने जी भर कर लूटा,
हुकूक का ठेकेदार अपना,
शकूनी सा मामा ढूंढेंगें।

केक कहो तो किसने खाया?

केक कहो तो किसने खाया? हमने खाया, हमने खाया।
देश कहो तो किसने खाया? हमने खाया, हमने खाया।

सदी-साल हम होली खेले, सहस्त्रों मने दीवाली मेले,
गलबहियां हो ईद मनाई, क्रिसमस और बैसाखी मेले,
कागज़ के पुतलों को जलाया, एक दशानन मर ना पाया,
केक कहो तो किसने खाया? हमने खाया, हमने खाया।

गांधी के सपनों का भारत, टेरेसा के अपनों का भारत,
देवों, धर्मों, भाषाओं का, वतन हमारी आशाओं का,
जगत को राह दिखाता आया, और अपनी पर, डगमगाया,
केक कहो तो किसने खाया? हमने खाया, हमने खाया।

विजयी, विश्व-विख्यात रहा है, इसने भीतर-घात सहा है,
माफ किया घायल शत्रू को, दया से आतमसात रहा है,
जगत-गुरु कहलाने वाला, अपनों ही पे क्यूं लज्जाया।
केक कहो तो किसने खाया? हमने खाया, हमने खाया।

रघुकुल रीत निभाने खातिर, राम चन्द्र बनवास को जाता,
एक भूखे ब्राह्मण को देने, कर्ण तोड़ स्वर्ण-दन्त ले आता,
सोन चिड़ी कहलाने वाला, हर दम हाथ पसारे पाया।
केक कहो तो किसने खाया? हमने खाया, हमने खाया।

एक तिलक सुराज ले आया, इक नेहरू गण-राज ले आया,
एक पटेल ने देश को बांधा, बदला एक आज़ाद ले आया,
एक महात्मा खादी लाया, देश अरब आबादी लाया।
केक कहो तो किसने खाया? हमने खाया, हमने खाया।

पर्वतराज हिमालय अपना, हृदय-संचिनी गंगा-यमुना,
खलिहानों खेतों का भारत, ऋतुओं और पर्वों का भारत,
ख़ुद खाली क्यूं हुआ जा रहा, हिन्द महासागर गरजाया।
केक कहो तो किसने खाया? हमने खाया, हमने खाया।

आतंकवाद को

शायद ऐ नज़ारों तुम्हें याद हो,
कल तलक हम भी थे खूशबू-ए-चमन।

कपोले हमारे भी सहलाए तुमने,
थपेड़े भी अलबत्ता दी, दम-ब-दम।

गर्दो-बारिश व धूप के लेवड़ लिए
रहे झूमते, हो, शरीके-अन्जूमन।

कुछ को ले जाता माली सजाने को सेज,
गुलदस्तों, मालाओं का करता सृजन।

गोया मालूम था हम को अपना सफर,
ढल चली शाम थी, आगे था तम ही तम।

माली की इन्तिज़ार में बढ़ रही थी बेचैनी,
सजा दे कहीं, जो हो सार्थक जीवन।

मुरझा के, गल-सड़ के, कुरड़ी पे जाना,
नहीं था गंवारा, इस जन्म, उस जन्म।

कि अगली फसल फिर खिले और झूमे,
यही कामना करते क्षण-प्रति-क्षण।

और तभी राह भटके, चन्द कौतुकी आए,
चटक कर, झटक, तोड़ डाला बंदन।

अपनी खुशबू फैला, ले चले साथ हसरत,
कौतुकी बालक पहचाने अपना धरम।

कि अगली फसल को तुम आवाज़ देना,
महक गर हवाओं, लगे पड़ने कम।

नहीं तो हमें फिर से देना सदा,
कि देंगे शहादत जन्म-दर-जन्म।

तारें

क्या तारे बस आसमान में
टिम-टिम-टिम-टिम ही करते है?

रात का साया,
और स्याह हो,
घोर अंधियारा,
भयावह हो,
चीख पुकार कराता है।
मानव भी खुद,
दानव बनकर,
मानवता को डराता है।
अपनी करतूतों से हरदम,
अपनों ही को सताता है।
सब जन डरकर,
सांस रोककर,
मारे-मारे फिरते है।
क्या तारे बस आसमान में
टिम-टिम-टिम-टिम ही करते है?

तारों के जंगल में उपर,
तारों के ही पेड़ उगे हैं,
तारों के ही फूल और पत्ते,

तारों ही की बेल चले हैं,
तारों के इस आसमान में,
तारों का तारा हो जाना,
तारों के इस घमासान में,
तारों ही का बिखर जाना,
तारों का मोती बन जाना,
तारों का आंसू बन जाना,
तारों का आंखों में उतरना,
और तारों में ही बह जाना,
आसमान के मोती तारे
क्यूं आंसू बन-बन बहते हैं?
क्या तारे बस आसमान में
टिम-टिम-टिम-टिम ही करते है?

अथाह समुद्र में बिखरे तारे,
सूरज के टूकड़े ये सारे,
दिन में चमकें, रात मे दमकें,
पिता प्रकाश के राज-दुलारे,
छूने का अहसास न जिनका,
करीबी का आभास न जिनका,
मुठी भर लेने की ख़्वाहिश,
बस ख्वाहिश सा रूप है जिनका,
तारों की चाहत से भरकर,
चाहत के तारों पर मरकर,

एक दूजे को पा लेने को,
पल-पल हसरत से तकते हैं।
क्या तारे बस आसमान में
टिम-टिम-टिम-टिम ही करते हैं?

तारों के इस स्वप्न-लोक में,
बिखरे हैं तारे ही तारे,
कुछ चमकीले, कुछ चटकीले,
सभी एक से, फिर भी न्यारे,
कुछ टूटेंगे टकराएंगे,
सच की मंजिल पा जाएंगे,
और उड़ेंगे कुछ ऊपर,
आसमान पर छा जाएंगे,
होकर भी ना होंगे तारे,
ना होंगे पर होंगे सारे,
काले स्याह रंग के भी क्या,
होते तो होंगे कुछ तारे?
सपनों की ही तरहा ढहने को,
धरती की ओर तकते है।
क्या तो बस आसमान में
टिम-टिम-टिम-टिम ही करते हैं?

तारों की बस्ती में तारे,
तारों की बस्ती के सारे,

इतने बड़े-बड़े होकर भी,
रहते केवल नन्हे तारे,
इन तारों ने इस जीवन को,
तार-तार होते देखा है,
इन तारों ने हर इन्सा को,
ज़ार-ज़ार रोते देखा है,
फिर भी दिल बहलाने खातिर,
फिर भी हंसी छुटाने खातिर,
खिल-खिल खिल-खिल ही रहते हैं,
झिलमिल-झिलमिल ही रहते हैं।
क्या तारे बस आसमान में
टिम-टिम-टिम-टिम ही रहते हैं?

सबब

तुम से सौ बार कहा है,
मुझ से पूछा न करो,
सबब हर बात का कुछ हो,
ये ज़रूरी तो नहीं!

चांद दमका है कहीं पर
सूर्य दमका है ज़मीं पर,
हो हर इक दिल में उजाला,
ये ज़रूरी तो नहीं!

जिन्दगी लहर-बहर है,
क्या ये जीने का कहर है,
फिर तमन्ना जवान हो,
ये ज़रूरी तो नहीं!

लाख छाई हो घटाएं,
और हों मस्त फिजाएं,
फिर भी बरसेंगी बदलियां,
ये ज़रूरी तो नहीं!

झोली खुशियों से भरी हो,
दिल नवाज़िश से अटा हो,
और न ख्वाहिश की कमी हो,
ये ज़रूरी तो नहीं!

पलक की परत के पीछे,
ग़मों की गरत के नीचे,
न हो आंखें भी अगर नम,
ये ज़रूरी तो नहीं!